ICH:

____

BUCHTITEL:

GIB DEINEM BUCH EINEN EIGENEN TITEL

____

____

Impressum:
**Dieses Buch ersetzt nicht den Gang zum Psychologen oder
zum Psychiater und erstellt keine Diagnosen. Das Werk dient
zur Selbstreflexion und Unterhaltung.**

Bibliografische Information der Deutschen Nationalbibliothek
Die Deutsche Nationalbibliothek verzeichnet diese Publikation in
der Deutschen Nationalbibliografie; detaillierte bibliografische
Daten sind im Internet über http://dnb.d-nb.de abrufbar.

Veröffentlicht über Tredition
Januar 2024
2. Auflage
Alle Rechte vorbehalten
Copyright © 2024 Carsten Burkhardt
Texte: © Copyright by Florence Burkhardt, Carsten Burkhardt
Lektorat: Verena Valmont
Druck: Tredition
Coverdesign: Valmont Coverdesign
Bildmaterial: Canva, Pixabay
Layout: Verena Valmont
Das Werk ist urheberrechtlich geschützt. Jede Verwertung
außerhalb des Urheberrechtsgesetzes ist ohne Zustimmung des
Verlages unzulässig und wird strafrechtlich verfolgt.
Carsten Burkhardt
Mittelheide 23
49124 Georgsmarienhütte
Deutschland

Mein Buch

Mein Leben

Alles ist möglich

DENK NACH! WAS FEHLT DIR FÜR EIN GLÜCKLICHERES LEBEN?

Worauf könntest du verzichten?

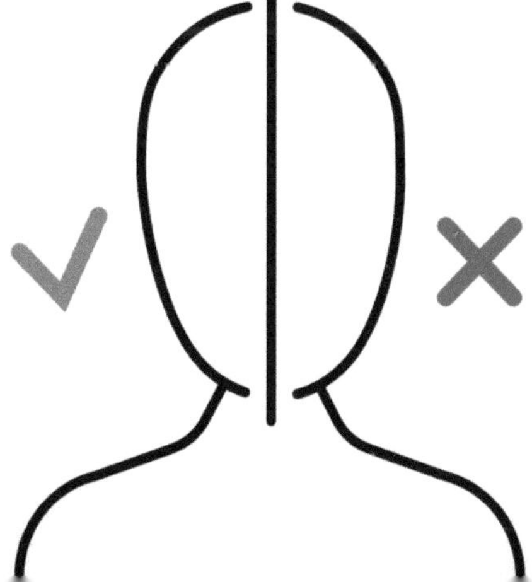

Was sind deine Lebensziele?

Warum bist du so, wie du bist?

Es gibt Fragen, welche so belastend sein können, dass wir es oft nicht wagen, uns genau diese Fragen zu stellen!

Dieses Buch stellt dir diese Fragen!
Dieses Buch wird dir helfen über dich und deine wirklichen Wünsche nachzudenken. Verborgene Gedanken und Wünsche ans Tageslicht zu holen, dein jetziges Leben zu hinterfragen.
Die wichtigste Frage ist

„Bist du Glücklich?"

Wir werden gemeinsam herausfinden, ob du es bist, oder ob du es nicht bist. Selbstreflektion, kann auch befreiend sein.

Schlechte Erfahrungen kannst du mit Hilfe dieses Buches von deiner Seele schreiben. Gleichzeitig kannst du schöne Erinnerungen und Erfahrungen hier im Buch für die Ewigkeit niederscheiben und bewahren.

Dieses Buch hält was du erlebst fest und wie du es erlebst. Daher ist es so wichtig, dass auch zur heutigen technischen Zeit, in diesem Buch alles mit der Hand geschrieben wird.

Der Autor, von diesem Buch bist
„DU"!

Du kannst daher sofort beginnen dein Buch zu gestalten.

Du kannst schreiben, zeichnen, basteln, kleben, von hinten nach vorne schreiben. Es ist dein Buch, dein Leben.

Nimm dir die Seite, die dir am besten gefällt und fang einfach da an.

Mach dir keinen Druck, schreibe täglich oder sporadisch.

Trage es bei dir oder leg es in eine Schublade.

Viel Spaß!

WAS ERWARTE ICH VON DIESEM BUCH FÜR MICH UND MEIN LEBEN?

Darum bin ich heute aufgestanden:

THE PAST IS YOUR lesson

THE PRESENT IS YOUR gift

THE FUTURE IS YOUR Moti-vation

Male ein Bild von dir, so wie du dich im Augenblick siehst.

WIE WAR DEIN HEUTIGER TAG?

....

....

....

....

....

....

....

WÜRDEST DU IM LEBEN ETWAS ANDERS MACHEN WOLLEN?

Wie fühlst du dich auf einer Skala von eins bis zehn?

Was sind für dich Glücks-momente?

NOTHING
BRINGS PEOPLE
Together
LIKE
GOOD
PIZZA

Wann und wo hast du
das letzte Mal bewusst
etwas geschmeckt?
Wann hast du dich voll
und ganz mit Ruhe
und Gelassenheit einem
guten Essen gewidmet?

Wann und wo hast du dich das letzte Mal mit geschlossenen Augen den Geräuschen um dich herum hingegeben?

Brauchst du immer Musik oder

einen eingeschalteten Fernseher

um dich herum?

Brauchst du nachts auch

Geräusche um dich?

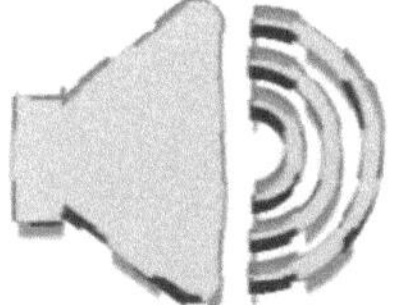

PAUSE II

Wenn du die oberen Fragen mit „ja" beantwortet hast – warum denkst du, dass du das brauchst?

____

____

Was hast du für ein Gefühl bei vollständiger Stille?

____

____

WENN DU EINEN WUNSCH FREI HÄTTEST, WAS WÜRDEST DU DIR WÜNSCHEN?

____

____

____

HEUTE?

____

____

____

MORGEN?

____

____

____

SO FÜHLE ICH MICH GERADE ...

Diese Seite kannst du immer wieder aufschlagen und deine momentane Gefühlslage beschreiben. Wenn du möchtest, schreib das jeweilige Datum dazu.

amazing things will happen

Welche Worte oder Sprüche berühren dich?

Was bedeuten diese Worte für dich?

Beschreibe deine eigene Persönlichkeit:

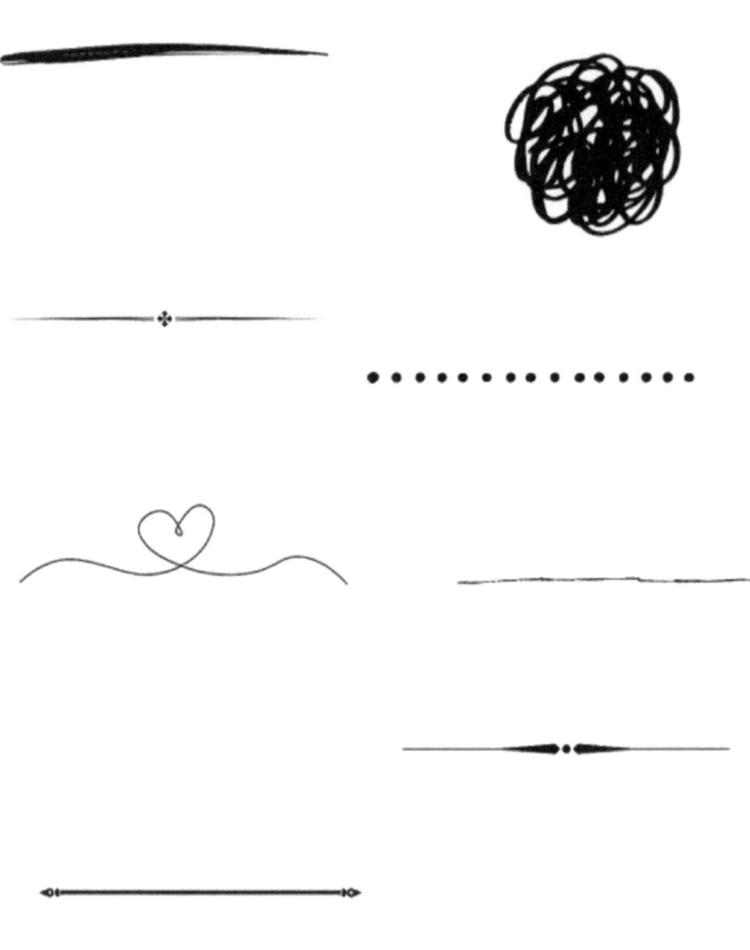

FÜR DIESE MENSCHEN IN MEINEM LEBEN BIN ICH DANKBAR:

Folgendes möchte ich für die Menschen die mir am Herzen liegen machen:

Wie geht es dir heute?

Hättest du heute gerne

etwas anders gemacht?

Schau an dir herunter, bist du mit dir selbst zufrieden?

Wenn du etwas ändern könntest, was wäre das?

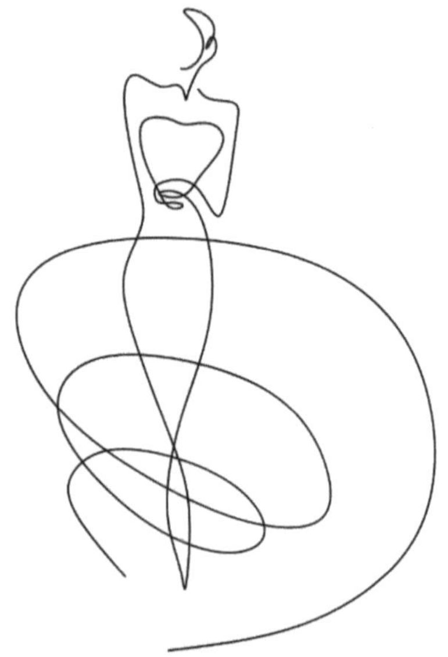

All
BODIES
ARE
GOOD
bodies

Lass uns gemeinsam deinen Tag reflektieren:

Wonach hat dieser Tag gerochen?

An welche Geräusche kannst du dich erinnern?

Welche Farben sind dir aufgefallen?

Welche Menschen sind dir bewusst im Gedächtnis geblieben?

Was ist dir negativ aufgefallen?

Was hast du heute Positives erlebt?

Oft gehen wir durch unser Leben und am Ende des Tages ist uns fast nichts im Gedächtnis geblieben.

Fragt uns jemand „Wie war dein Tag?", kommt oft die Antwort „Wie immer"! Jeder Tag ist aber ein wenig anders, als der davor. Wenn wir das nicht wahrnehmen, gehen wir schnell mit unserem Leben in der eigenen Gleichgültigkeit verloren.

Bewusst, jeden Moment erleben, macht das Leben lebenswert und schafft ganz einfach ein gutes Gefühl.

Abends muss man dann nicht nur über das negativ erlebte nachdenken. Dadurch, dass wir bewusst auf die positiven Erlebnisse geachtet haben, konnten wir diese auch wirklich erleben und verinnerlichen.

Negatives, kann man oft nicht mehr ändern, aber wir haben es selbst in der Hand, ob wir uns damit selbst belasten wollen. Oft sehen wir nur das Negative in unserem Tagesablauf, weil wir mehr Energie aufbringen, diesen Frust herauszulassen, als es uns wert ist, eine schöne erlebte Situation zu genießen.

Haben wir belastende Erlebnisse im Gedächtnis, fühlen wir uns automatisch schlecht. Im Wald die Augen schließen und den Naturgeräuschen um uns herum zuhören. Ein schönes Bild mal wirklich anzuschauen. Menschen, welche einem wichtig sind, ins Gesicht schauen und den Ausdruck z. B. beim Lachen aufzunehmen. Bei Regen einfach mal Tanzen, statt zu rennen und sich über nasse Kleidung aufzuregen. Es gibt so vieles, was uns das Leben schöner machen kann.

Probiere es doch einfach mal aus 😊.

Schreib hier ein paar Fragen auf, die dir spontan in den Sinn kommen und versuche sie zu beantworten.

SELF
LOVE
is your
SUPER
power

Mein / e Lieblings-

Blume:

Vogel:

Tier:

Baum:

Mein/e Lieblings-

Duft:

Geräusch:

Farbe:

Kleidung:

WER IST DER WICHTIGSTE
MENSCH IN DEINEM LEBEN
UND WARUM IST DIESER
MENSCH SO WICHTIG
FÜR DICH?

LIFE...
IS TOO SHORT TO
SPEND it
at war
with
YOURSELF

Was geht in dir vor, wenn du über dein Leben nachdenkst?

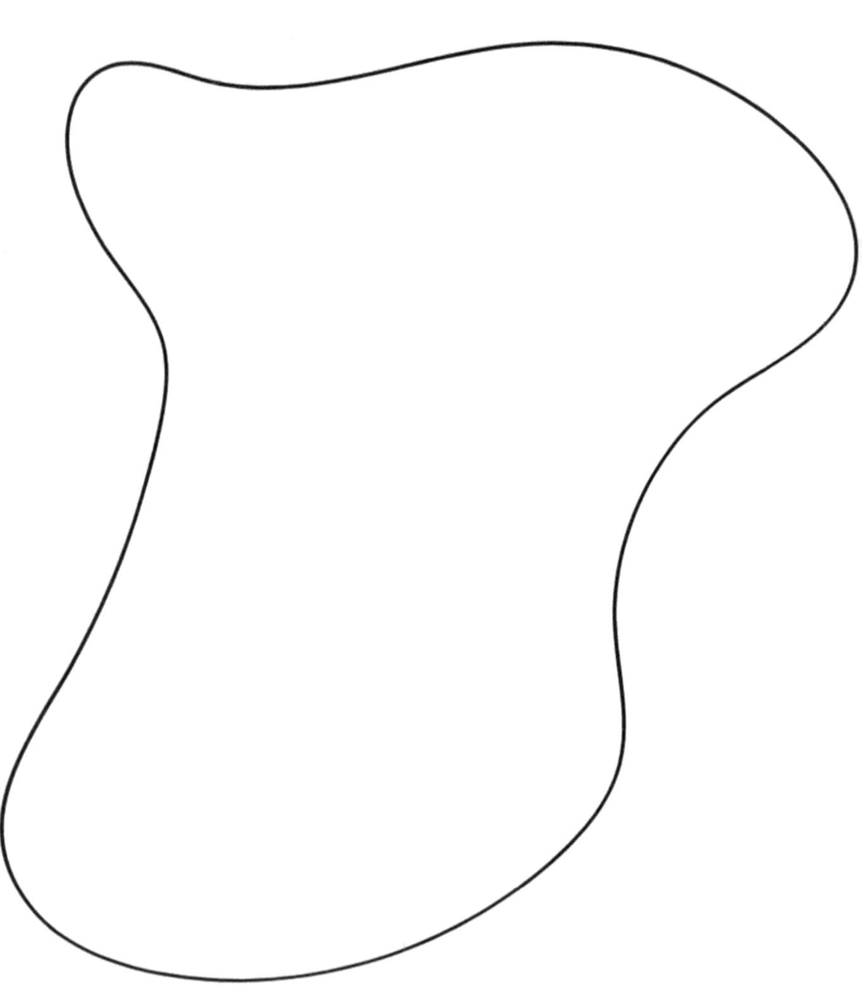

Was ist für dich ein perfekter Tag?

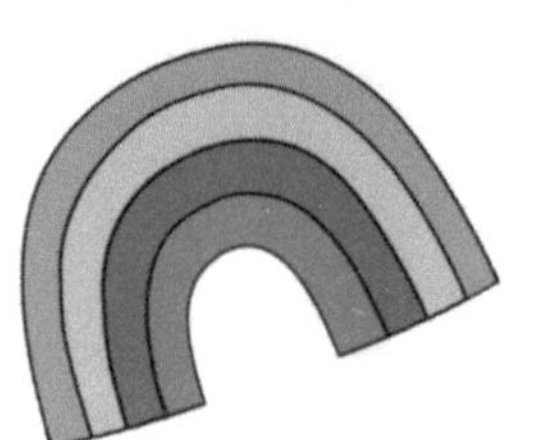

MEINE VORBILDER SIND:

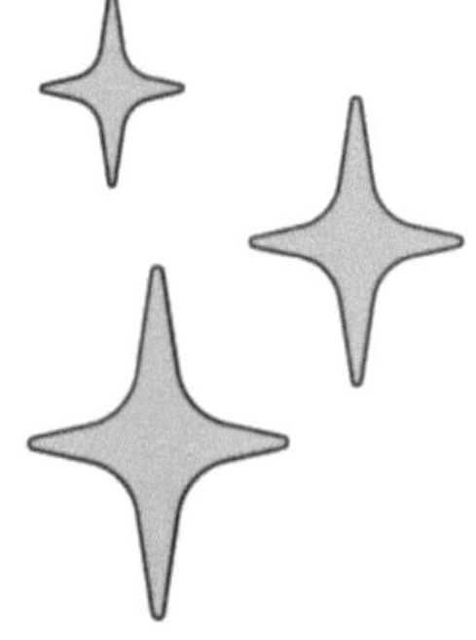

AN IHNEN BEWUNDERE ICH, DASS:

WANN

WO

DURCH WEN

ERFÄHRST DU

?

Ruhe
Zufriedenheit
Geborgenheit
Sicherheit
Sorglosigkeit
Glück
Gelassenheit
Entspannung
Weisheit
Sinnlichkeit
Konzentration
Kraft
Stärke

Was sind deine ersten fünf Handlungen nach dem Aufstehen?

Welche Spuren der Person,
die du als Kind warst, findest
du auch heute noch in dir?

Bist du die Person geworden,
die du werden wolltest?

Dinge, die ich gerne mache:

Dinge, die ich ungern mache:

Soundtrack meines Lebens

Diese Musik hat mich durch mein Leben begleitet und mich geprägt:

SEIT WANN MICH DIESE MUSIK BEGLEITET UND WARUM:

Music
IS THE
Soul Of
Language

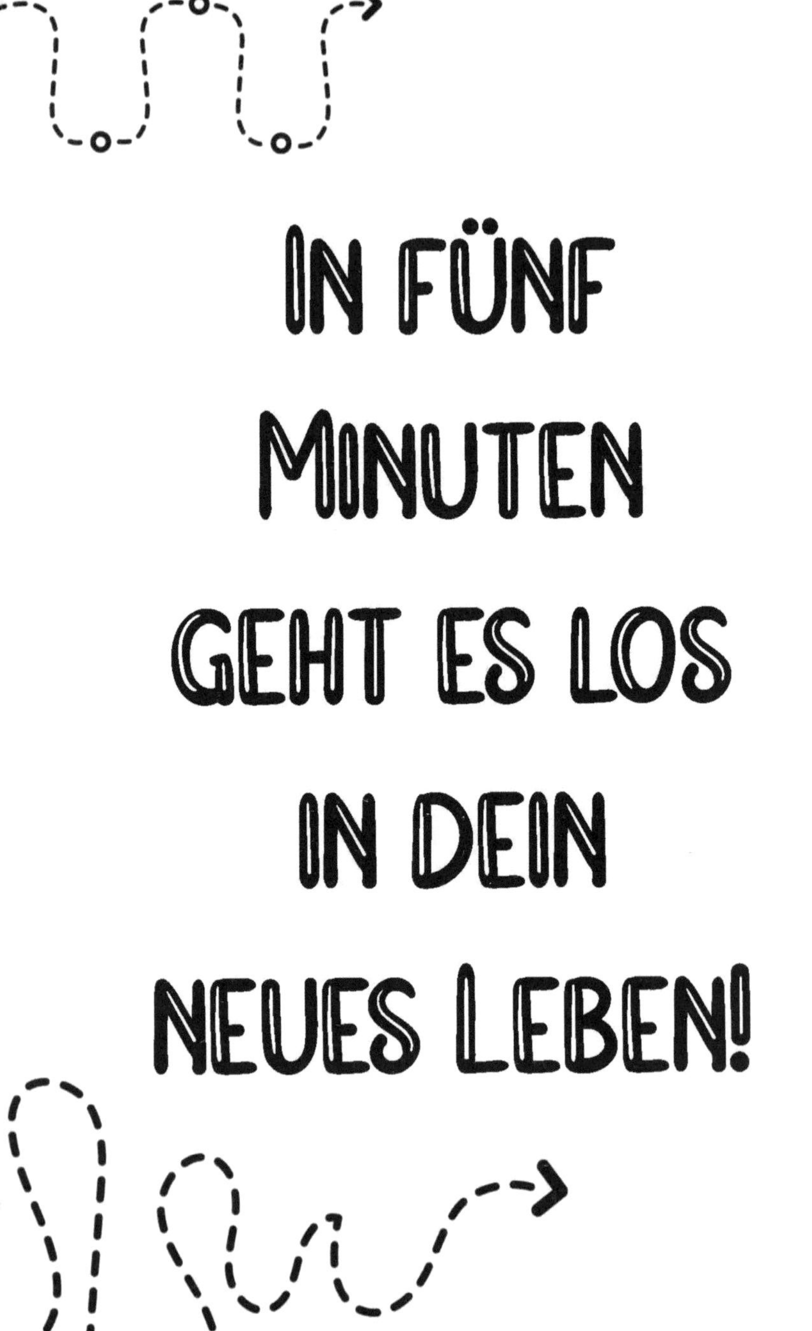

IN FÜNF
MINUTEN
GEHT ES LOS
IN DEIN
NEUES LEBEN!

Das habe ich dort vor:

____

____

____

____

____

Das muss mit:

____

____

____

So sieht es dort aus:

____

____

____

____

____

____

Diese Menschen begleiten
mich:

____

____

WELCHE WERTE HÄLTST DU FÜR WICHTIG?

NACH WELCHEN HANDELST DU?

Nach welchen würdest du gern handeln?

LOVE
your
SELF

Das bin ich!

Male ein Bild oder schreibe über dich

Was für

GEFÜHLE

hattest du heute?

Das habe ich heute alles geschafft:

So hat es sich angefühlt:

ERINNERST DU DICH AN EINEN BESTIMMTEN TRAUM?

WARUM IST DIR DIESER TRAUM IN ERINNERUNG GEBLIEBEN / WAS HAT DICH BESONDERS BEWEGT?

Wann hast du das letzte Mal geweint?

Was war der Grund?

Hat dir das Weinen geholfen?

Das wäre mein größtes Unglück:

....

....

....

....

....

....

....

Darin fühle ich mich sicher:

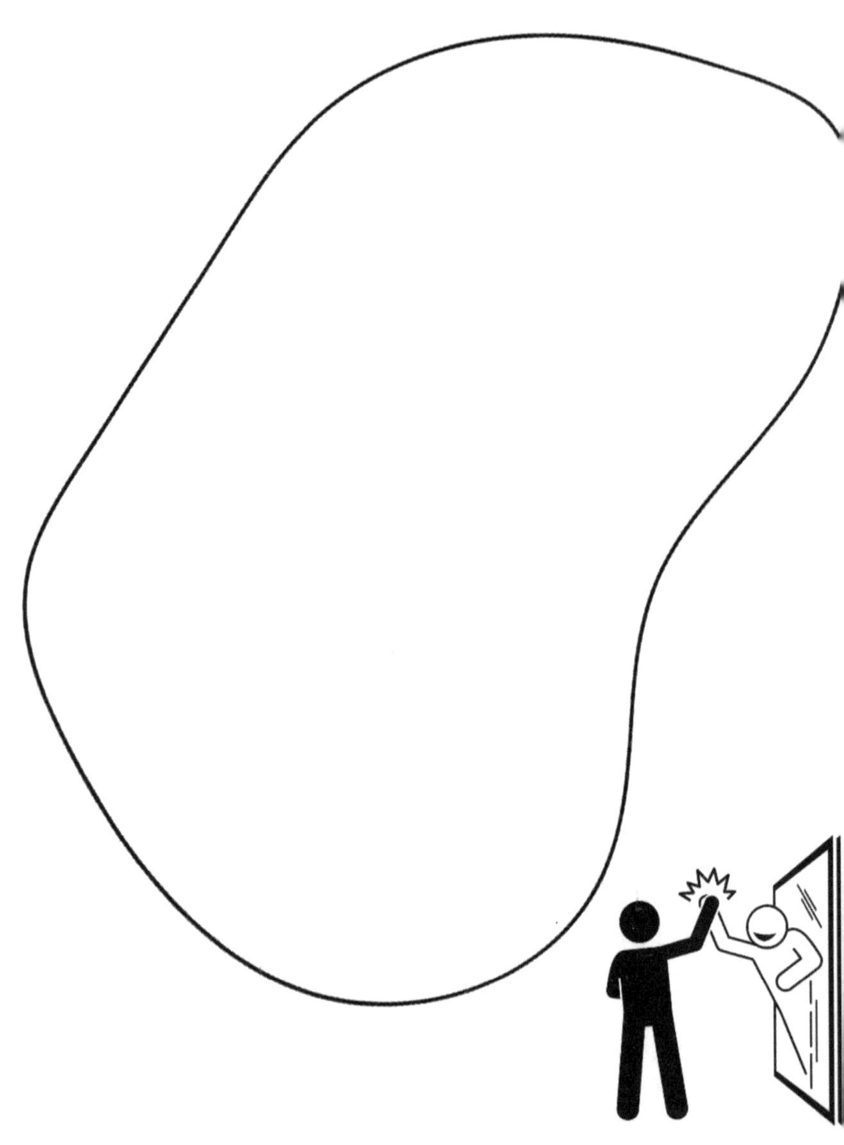

Darin fühle ich mich unsicher:

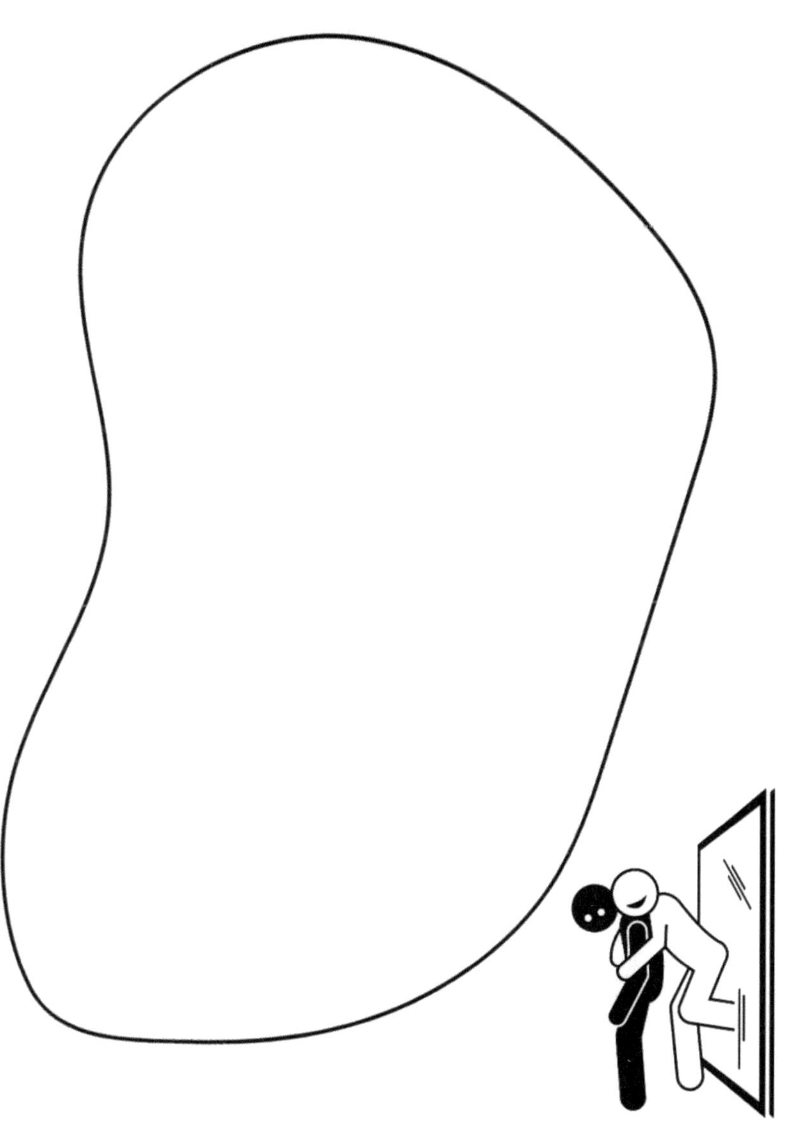

WÜRDE ICH MORGEN STERBEN, WÜRDE ICH MEIN LEBEN IN FOLGENDEM SATZ ZUSAMMENFASSEN:

____

____

____

____

Viele Menschen laufen gebückt durch ihr Leben. Einerseits, weil wir oft auf Handys schauen, aber auch weil das „Selbstbewusstsein", für die eigene Person fehlt. Jeder Mensch ist mit einer unbändigen Stärke auf die Welt gekommen.

Versuch, diese Stärke wiederzufinden.

Beginne mit folgenden Übungen:

- Atme tief ein
- Spüre die Kraft deiner Lungen, die diese Luft aufnehmen
- Mach deinen Rücken grade und merke wie groß du sein kannst
- Sag ab jetzt „Nein!", wenn du etwas lieber nicht machen möchtest - Schau in den Spiegel und sei stolz auf dich
- Es liegt schon vieles hinter dir, was du in deinem Leben geschafft und überstanden hast.

WAS IST DEIN TRAUMBERUF?

WAS STELLST DU DIR UNTER DIESEM BERUF VOR?

WAS WÄRE DARAN BESSER ALS JETZT?

WAS WÄRE SCHLECHTER?

Das war heute

lustig

schön

erheiternd

unangenehm

peinlich

überraschend

traurig

langweilig

ärgerlich

angenehm

anstrengend

erfreulich

faszinierend

Beneidest du jemanden?

□ Ja   □ Nein

Wen?

Warum?

Dinge, die du in deinem Leben noch machen möchtest:

Es ist zu früh für:

Es zu spät für:

Es ist genau die richtige Zeit:

Believe
IN
YOURSELF

Wenn du eine Liste erstellen würdest, über alles, was dir wichtig ist und was du liebst - wie lange würde es dauern, bis du dich selbst auf die Liste schreibst?

Oder
würdest du
dich gar
nicht auf die
Liste
schreiben?

Ich mag an mir:

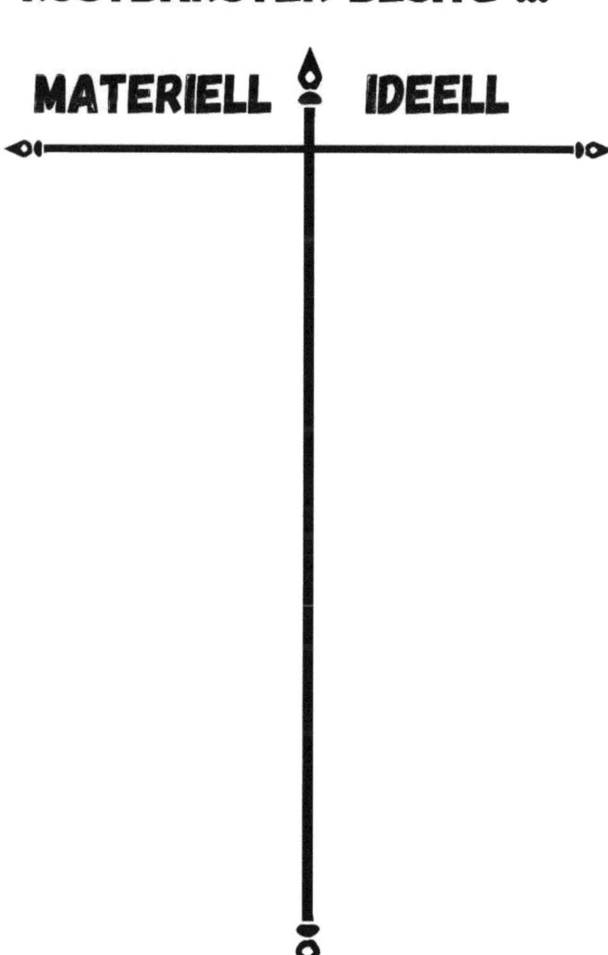
WAS IST DEIN
KOSTBARSTER BESITZ ...
MATERIELL
IDEELL

Warum bist du, wie du bist?

Wie bist du zu dem Menschen geworden, der du heute bist?

···

···

···

···

···

···

···

···

MEINE LIEBLINGSORTE SIND ...

Meine Stärken sind:

Meine Schwächen sind:

IN DIESEM ALTER HABE ICH MICH AM WOHLSTEN GEFÜHLT:

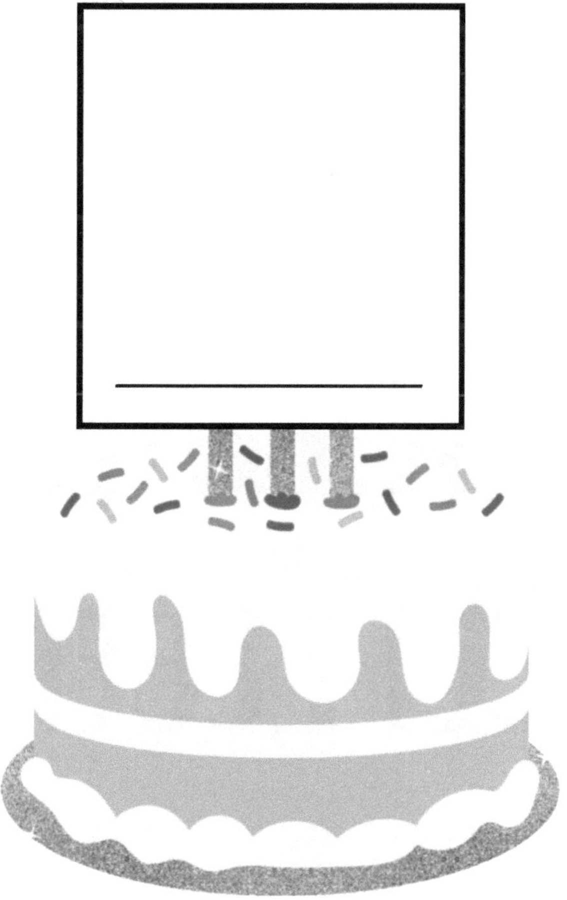

DU HAST NOCH DREI MONATE ZU LEBEN

Was würdest du mit deiner verbleibenden Zeit machen?

____

____

____

____

Was würdest du in deinem Leben noch ändern?

____

____

____

____

Was davon wirst du tatsächlich tun?

____

____

____

____

Warum änderst du es nicht JETZT?

____

____

____

____

iCH

Was möchtest du dir sagen?
Schreibe einen Brief an dich selbst …

LIFE...
IS TOO SHORT TO
SPEND it
at war
with
YOURSELF

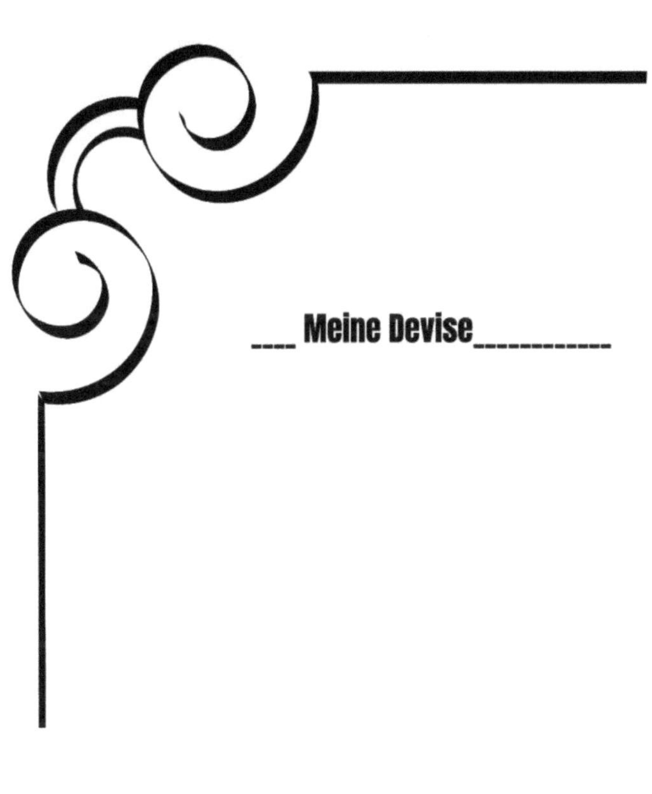

____ **Meine Devise**__________

Ziele & Strategien

Die ich in 10 Jahren
erreicht haben möchte

Die ich in einem Jahr
erreicht haben möchte

Die ich in einem Monat
erreicht haben möchte

Die ich in einer Woche
erreicht haben möchte

Die ich in morgen
erreicht haben möchte

Die ich in heute
erreicht haben möchte

Was soll auf deinem Grabstein stehen?

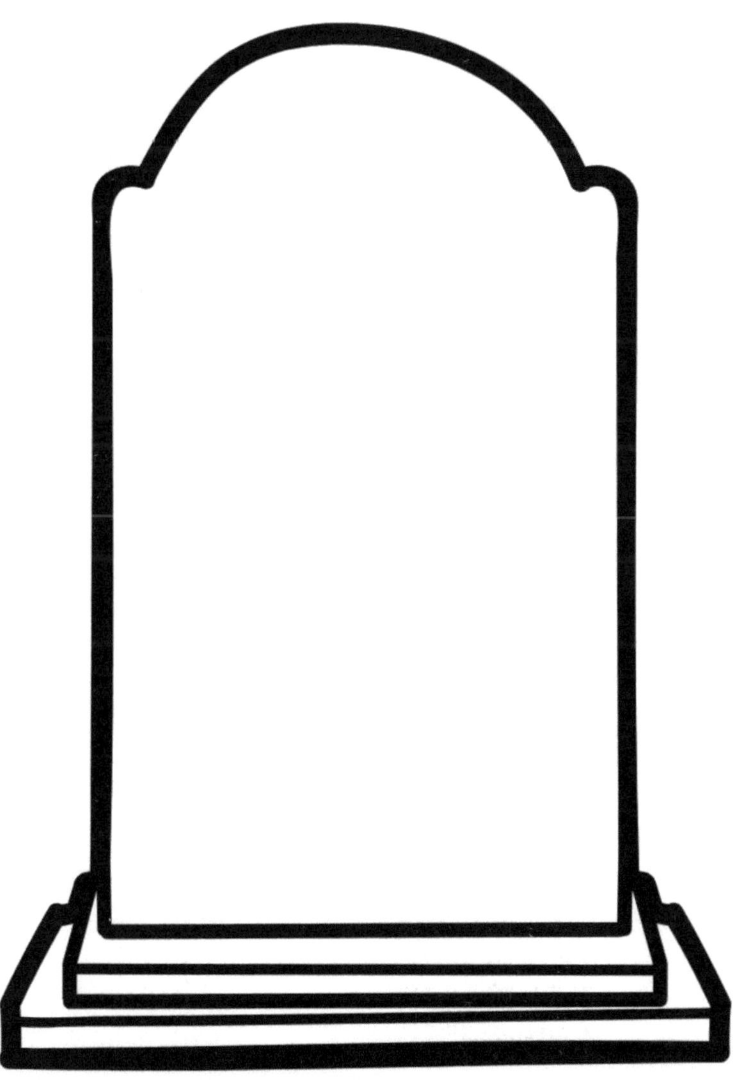

Wie sollen dich deine Freunde und
Verwandten sehen?

____

____

____

____

____

Wie denkst du, sehen dich deine
Freunde und Verwandten?

____

____

____

Wie sollen Fremde dich sehen?

Wie denkst du, sehen dich Fremde?

Shhh...

Hast du ein

Geheimnis?

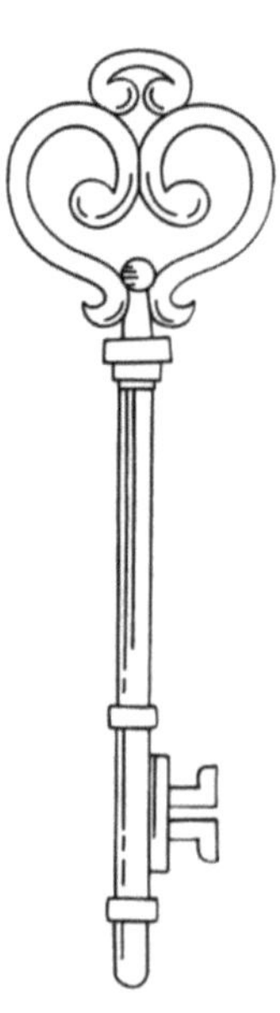

WAS ICH AM MEISTEN AN MEINEN FREUNDEN SCHÄTZE:

FIND
A
REASON
TO
Smile

Worüber machst du dir Sorgen?

Mein e 

Tageszeit _______________

Stadt _______________

Fest _______________

Speise _______________

Jahreszeit _______________

Lokal_________________

Beschäftigung_________________

Wort _________________

Name _________________

Getränk_________________

FAMILIE

Was geht in dir vor, wenn du an deine Familie denkst?

Was fehlt dir, zu deinem Glück?

Ich bin stolz darauf, dass:

Diese Gedanken möchte ich loslassen:

Wäre heute
morgen jemand
in deinem
KÖRPER
aufgewacht,
was hätte er gefühlt,
gedacht,
gesehen?

Hattest du heute Stress?

Meine
glücklichsten
Momente
im letzten Jahr
waren ...

____

____

____

Angenommen du könntest
einen Tag lang
ohne Verpflichtungen und
ohne Reue tun,
was du willst ...

was tätest du?

LIEBE?

**Meine
traurigsten
Momente
im letzten Jahr
waren ...**

Wie fühlst du dich im Augenblick?

____

____

____

____

____

Wie würdest du dir einen Neubeginn vorstellen?

**In welchen
Situationen wärst du gern**

freundlicher   toleranter

disziplinierter

fleißiger

strenger

reifer   besonnener

nachgibiger

souveräner

spontaner

HEUTE FÜHLE ICH MICH WIE:

Auf welche Erfahrungen und Erlebnisse hättest du lieber verzichtet?

Welche Erlebnisse möchtest du nie wieder durchmachen müssen?

Welche
Erfahrungen
möchtest du
am liebsten
noch einmal
erleben?

ICH KANN NICHT

ICH WILL NICHT

ICH AKZEPTIERE NICHT

ICH WERDE NICHT

NEIN

DAS GEFÄLLT MIR:

DIESE DINGE SIND MIR BEI MENSCHEN WICHTIG:

Wie kann man einem Tag Bedeutung verleihen?

Was brauchst du, damit es für dich ein bedeutsamer Tag ist?

Die schönsten Sätze, die mir im letzten Jahr gesagt wurden:

Die schönsten Sätze kamen von folgenden Menschen:

WARUM SCHREIBST DU?

Wann schreibst du

am liebsten?

Seit wann

schreibst du?

Wo schreibst du

am liebsten?

Worüber schreibst

Du grade?

DAS TUT MEINEM KÖRPER GUT:

DAS TUT MEINER SEELE GUT:

WEN LIEBST DU?

HAST DU
MAL
GELIEBT?

Die perfekte Nacht

DAS WÜRDE ICH HEUTE
GERN VON JEMANDEN HÖREN ...

Was geht gerade in dir vor?

Ich bin dankbar für:

PARADISE

Das Paradies

So ♡ sieht es aus:

Das tue ich:

Diese Menschen sind bei mir

Das brauche ich dort, um mich wohlzufuehlen:

Das kann ich verwirklichen:

Was gibt dir Kraft?

____

____

____

WAS ICH
AN MIR
NICHT MAG

SELF
LOVE
is your
SUPER
power

WENN DU MIT DEINEM LEBEN VON VORNE BEGINNEN KÖNNTEST - WIE WÜRDEST DU DEIN LEBEN GESTALTEN? WAS WÜRDEST DU ANDERS MACHEN?

LEARNING
NEVER
ENDS

Was hast du heute gelernt?

Erinnere dich an einen Dialog mit einem Menschen der dir nahesteht und schreibe ihn auf. Wieso hast du dich für diesen Dialog entschieden?

Das soll in meinem Leben anders werden:

____

____

____

____

____

____

____

____

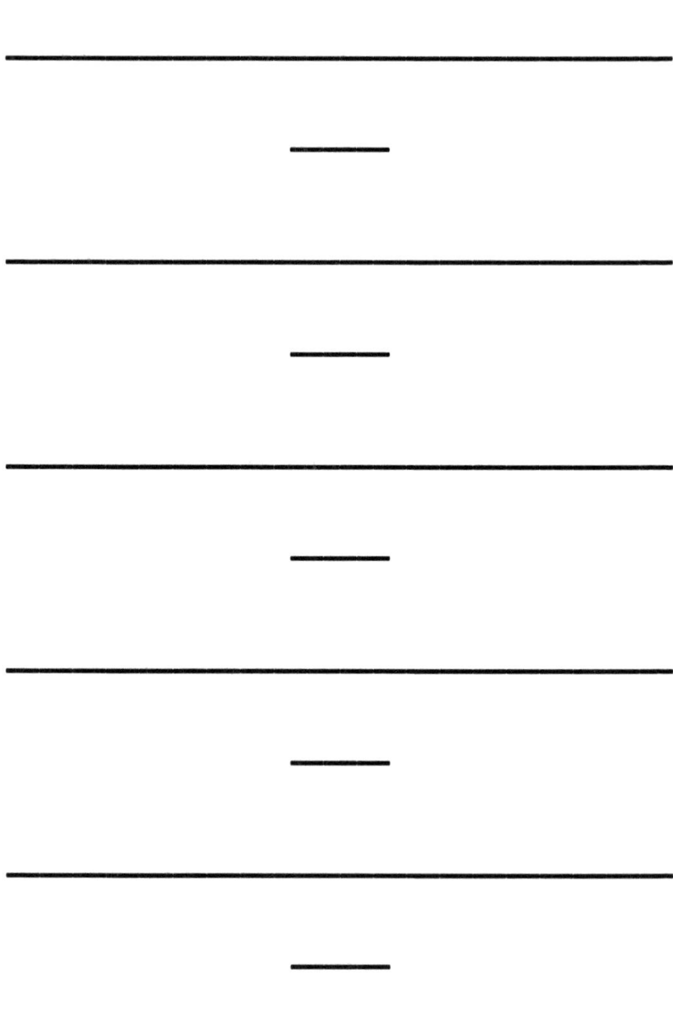

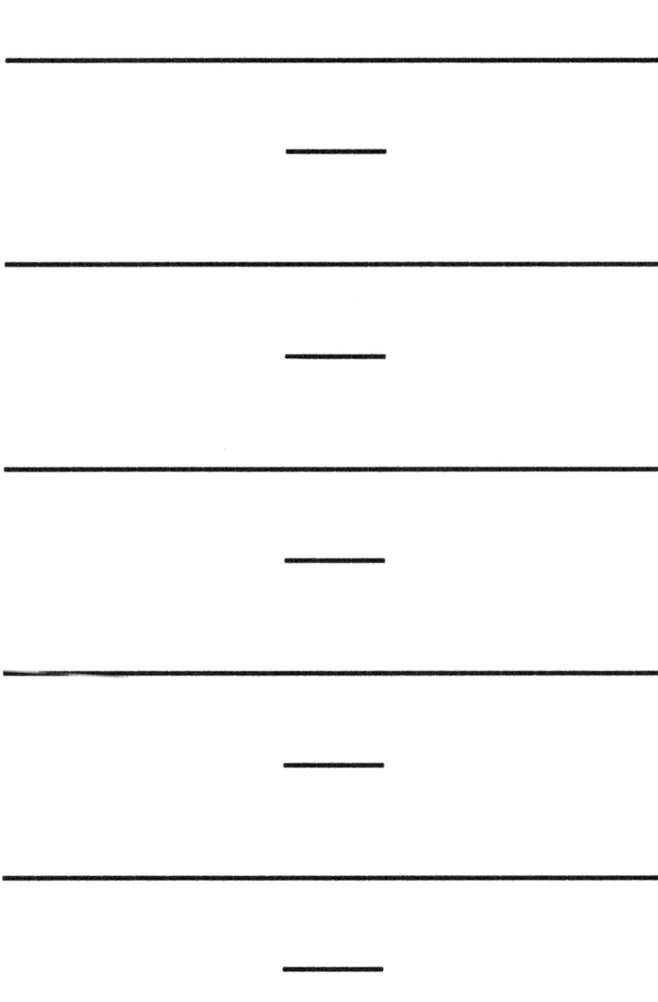

ERST WENN DU DICH SELBST ANDERS SIEHST, KÖNNEN AUCH ANDERE MENSCHEN DEINE VERÄNDERUNG SEHEN.

ES WERDEN MENSCHEN DADURCH AUS DEINEM LEBEN VERSCHWINDEN. DIESE SIND NUR DA GEWESEN, WEIL DU IHNEN GUTGETAN HAST, ABER OFT GEBEN GENAU DIESE MENSCHEN EINEM NICHTS ZURÜCK. ES SIND GUT WETTER FREUNDE,

DIESE SIND NUR DA, WENN ES EINFACH MIT DIR IST. WENN DU STETIG, „JA" ZU ALLEM, WAS VON DIR GEFORDERT WIRD, SAGST. DOCH WERDEN NEUE MENSCHEN AUF DER BÜHNE DEINES LEBENS AUFTAUCHEN, MENSCHEN, WELCHE DIR AM ENDE GUTTUN WERDEN. MENSCHEN, DIE DEINE STÄRKE ZU SCHÄTZEN WISSEN UND AUCH DA SIND, WENN DU MAL HILFE BRAUCHST.

Wer sind die wichtigsten Menschen in deinem Leben?

Was bedeuten sie dir?

Was empfindest du für sie?

In ___________ Jahren

ist mein Leben:

____

verbringe ich Zeit mit:

____

Lebe ich in:

____

Lebe ich mit diesen Menschen:

____

Erinnere ich mich an:

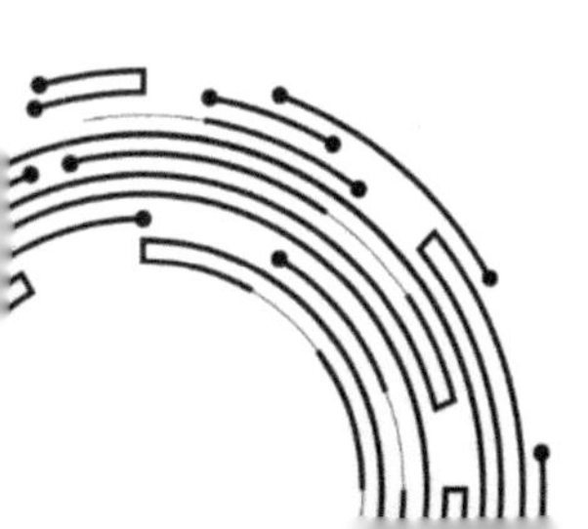

Was mir dieses Buch gezeigt hat:

Über die Autoren:

Florence Burkhardt

Autorin von Büchern über Verhaltens-
störungen. Sie lebt mit ihren Eltern und
ihrer kleinen Schwester im beschauli-
chen Georgsmarienhütte, welche bei
der Friedensstadt Osnabrück liegt.

Carsten Burkhardt

Autor für Sachbücher, Drama, Thriller
und Kinderbücher. Als Verleger und
Journalist, sowie Bildungsreferent für

Notfallmedizin lebt er gemeinsam mit seiner Ehefrau und seinen beiden Töchtern in Georgsmarienhütte.

Ausgegrenzt
Mobbing aus verschiedenen Perspektiven
CARSTEN BURKHARDT
BURKHARDT
Books

Ausgegrenzt – Mobbing aus verschiedenen Perspektiven von Carsten Burkhardt

Genre: Jugenddrama, Gewalt, Missbrauch
Zusammenfassung:
Linda, ein 15-jähriges Mädchen und Mobbingopfer, macht eine schwere Zeit durch. Täglich ist sie einer Tortur aus physischer und psychischer Gewalt ausgesetzt. Dieses Buch ist ein Blick hinter die Kulissen der einzelnen Charaktere und wirft grundlegende Fragen auf. Hätte Linda eine bessere Schulzeit, wenn die Täter ein anderes Leben hätten? Wie bekämpft man Mobbing an Schulen, wenn jene, welche die Macht haben etwas dagegen zu tun, wegsehen? Wer kann den Schweigenden die Angst und Scham nehmen, an die Öffentlichkeit zu treten? Diese Geschichte ist fiktiv, aber für viele Kinder und Jugendliche ist sie bittere Realität. Gespräche mit Opfern, Eltern und Betreuern, sowie das Studieren diverser Beiträge und Erfahrungsberichte waren die Motivation für dieses Buch. Inklusive einmonatiges Mobbingtagebuch am Ende des Buches.
Seiten: 192
Preis: €13,90

Auch als Hörbuch erhältlich!